AF189330

Impressum
Verlag: BABADADA GmbH, Nedderfeld 112 , 22529 Hamburg
Geschäftsführer / Verlagsleitung: Harald Hof
Druck: Books on Demand GmbH, In de Tarpen 42, 22848 Norderstedt

Imprint
Publisher: BABADADA GmbH, Nedderfeld 112 , 22529 Hamburg, Germany
Managing Director / Publishing direction: Harald Hof
Print: Books on Demand GmbH, In de Tarpen 42, 22848 Norderstedt

school
colegio

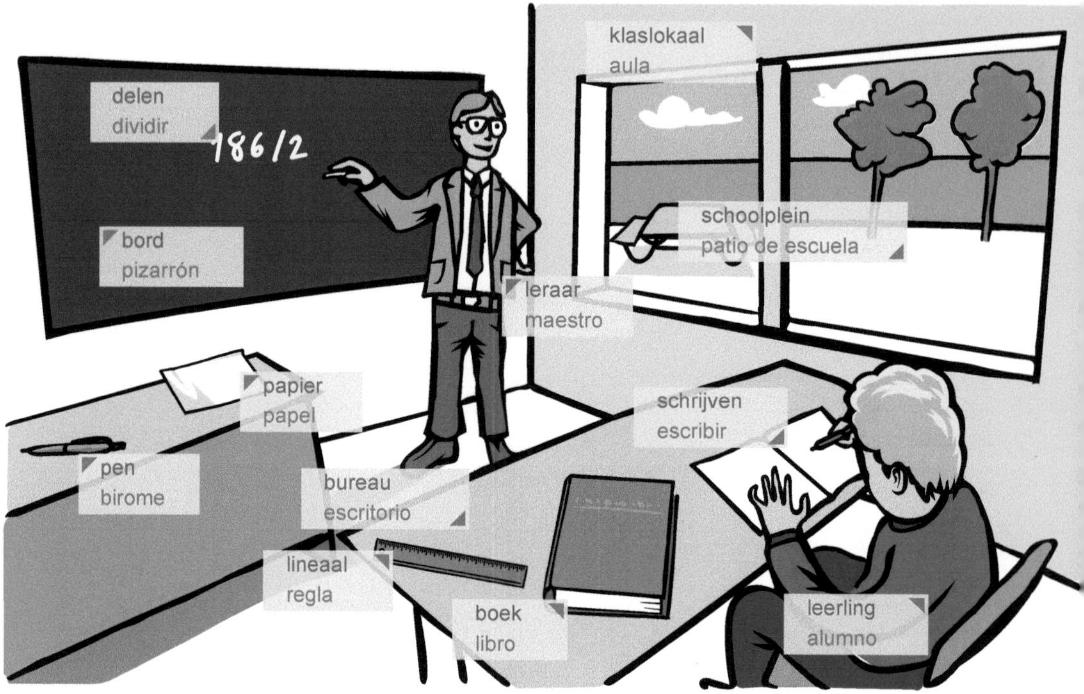
klaslokaal
aula
delen
dividir
186/2
bord
pizarrón
schoolplein
patio de escuela
leraar
maestro
papier
papel
schrijven
escribir
pen
birome
bureau
escritorio
lineaal
regla
boek
libro
leerling
alumno

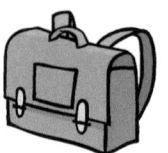

schooltas

mochila

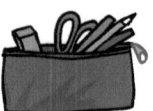

etui

caja de lápices

potlood

lápiz

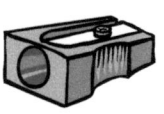

puntenslijper

sacapuntas

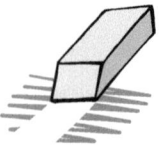

gum

goma (de borrar)

schetsblok

bloc de dibujo

tekening
dibujo

penseel
pincel

verfdoos
caja de pinturas

schaar
tijera

lijm
pegamento

schrift
cuaderno de ejercicios

huiswerk
tarea

getal
número

optellen
sumar

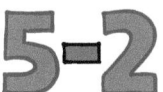

aftrekken
restar

vermenigvuldigen
multiplicar

rekenen
calcular

letter
letra

alfabet
abecedario

woord
palabra

tekst
texto

lezen
leer

krijt
tiza

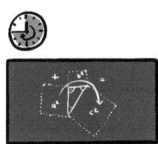

les
lección

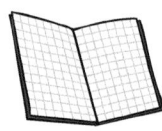

klassenboek
cuaderno de clase

examen
examen

diploma
certificado

schooluniform
uniforme escolar

opleiding
educación

encyclopedie
enciclopedia

universiteit
universidad

microscoop
microscopio

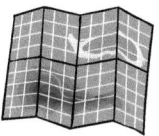

kaart
mapa

prullenmand
tacho (de basura)

reis
viaje

hotel
hotel
Grand
hostel
hostel
ROOMS
wisselkantoor
casa de cambio
EXCHANGE
koffer
valija
auto
auto

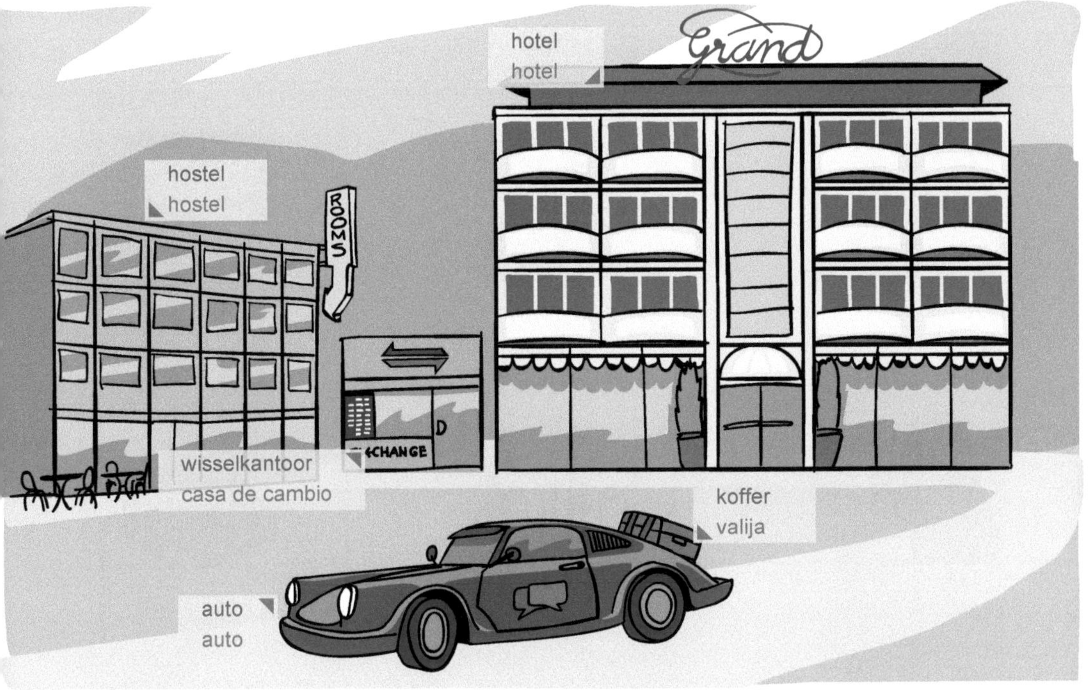

taal

idioma

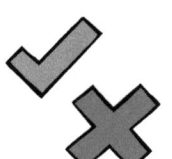

ja / nee

sí / no

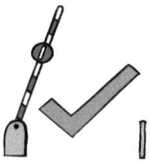

oké

Está bien

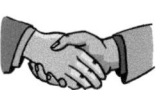

Hallo!

hola

tolk

traductor

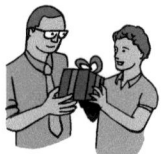

Bedankt.

Gracias

Wat kost ...?

¿cuánto cuesta...?

Ik begrijp het niet.

No entiendo

probleem

problema

Goedenavond!

¡Buenas tardes!

Goedemorgen!

¡Buenos días!

Goedenacht!

¡Buenas noches!

Tot ziens!

adiós

richting

dirección

bagage

equipaje

tas

bolso

rugzak

mochila

gast

invitado

kamer

habitación

slaapzak

bolsa de dormir

tent

carpa

VVV-kantoor
información turística

strand
playa

creditkaart
tarjeta de crédito

ontbijt
desayuno

lunch
almuerzo

diner
cena

kaartje
pasaje

lift
ascensor

postzegel
sello

grens
frontera

douane
aduana

ambassade
embajada

visum
visa

paspoort
pasaporte

transport

transporte

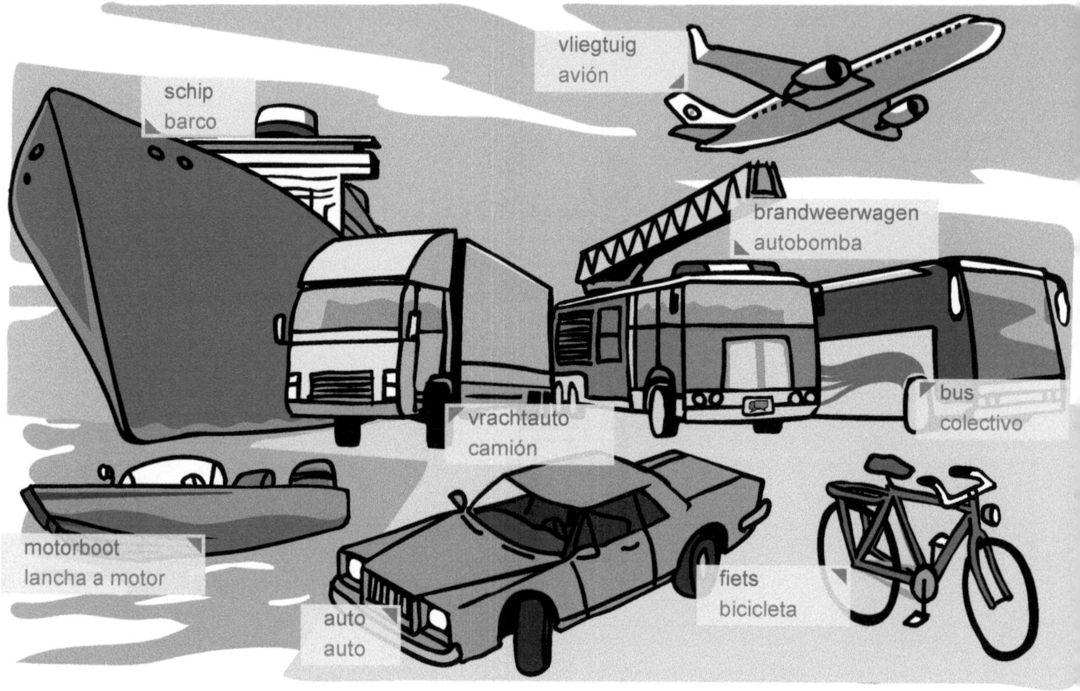
vliegtuig
avión
schip
barco
brandweerwagen
autobomba
bus
colectivo
vrachtauto
camión
motorboot
lancha a motor
fiets
bicicleta
auto
auto

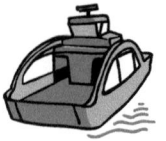

veerboot

ferry

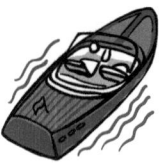

boot

bote

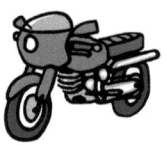

motorfiets

moto

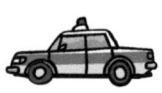

politiewagen

patrullero

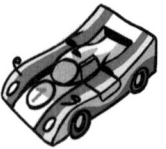

raceauto

auto de carreras

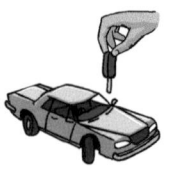

huurauto

auto de alquiler

carsharing

alquiler de autos

takelwagen

grúa

vuilniswagen

camión de basura

motor

motor

benzine

nafta

benzinepomp

estación de servicio

verkeersbord

señal de tránsito

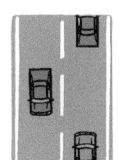

verkeer

tránsito

file

embotellamiento

parkeerplaats

estacionamiento

station

estación de tren

rails

vías

trein

tren

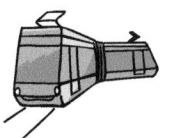

tram

tranvía

wagon

vagón

transport - transporte

helikopter

helicóptero

luchthaven

aeropuerto

toren

torre

passagier

pasajero

container

contenedor

verhuisdoos

caja de cartón

kar

carretilla

mand

canasta

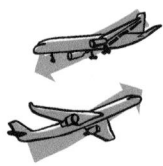

opstijgen / landen

despegar / aterrizar

stad

ciudad

dorp

pueblo

stadscentrum

centro de ciudad

huis

casa

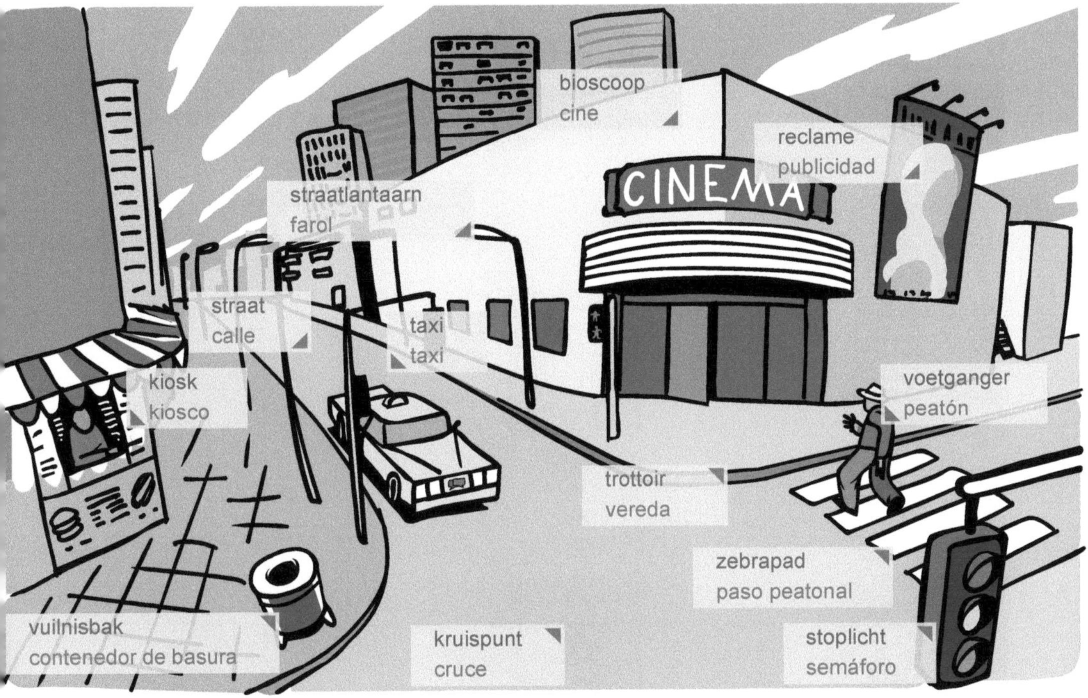

bioscoop
cine

reclame
publicidad

straatlantaarn
farol

CINEMA

straat
calle

taxi
taxi

kiosk
kiosco

voetganger
peatón

trottoir
vereda

zebrapad
paso peatonal

vuilnisbak
contenedor de basura

kruispunt
cruce

stoplicht
semáforo

hut
....
cabaña

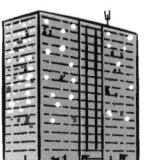

appartement
....
departamento

station
....
estación de tren

stadhuis
....
municipalidad

museum
....
museo

school
....
colegio

universiteit

universidad

bank

banco

ziekenhuis

hospital

hotel

hotel

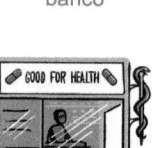

apotheek

farmacia

kantoor

oficina

boekenwinkel

librería

winkel

negocio

bloemenwinkel

florería

supermarkt

supermercado

markt

mercado

warenhuis

grandes tiendas

visboer

pescadería

winkelcentrum

centro comercial

haven

puerto

stad - ciudad

park

parque

bank

banco

brug

puente

trap

escaleras

metro

subte

tunnel

túnel

bushalte

parada del colectivo

bar

bar

restaurant

restaurante

brievenbus

buzón

straatnaambord

letrero

parkeermeter

parquímetro

dierentuin

zoológico

zwembad

pileta

moskee

mezquita

boerderij
granja

vervuiling
contaminación

begraafplaats
cementerio

kerk
iglesia

speelplaats
juegos infantiles

tempel
templo

landschap

paisaje

blad
hoja

wegwijzer
poste indicador

weg
camino

weide
pradera

steen
piedra

wandelaar
excursionista

boom
árbol

rivier
río

gras
hierba

bloem
flor

vallei
valle

berg
montaña

meer
lago

bos
bosque

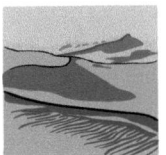

woestijn
desierto

vulkaan
volcán

kasteel
castillo

regenboog
arco iris

paddenstoel
champiñón

palmboom
palmera

mug
mosquito

vlieg
mosca

mier
hormiga

bij
abeja

spin
araña

landschap - paisaje

15

kever
escarabajo

kikker
rana

eekhoorn
ardilla

egel
erizo

haas
liebre

uil
lechuza

vogel
pájaro

zwaan
cisne

wild zwijn
jabalí

hert
ciervo

eland
alce

stuwdam
presa

windmolen
aerogenerador

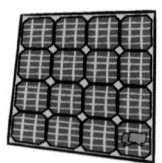

zonnepaneel
panel solar

klimaat
clima

restaurant
restaurante

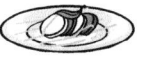

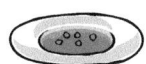

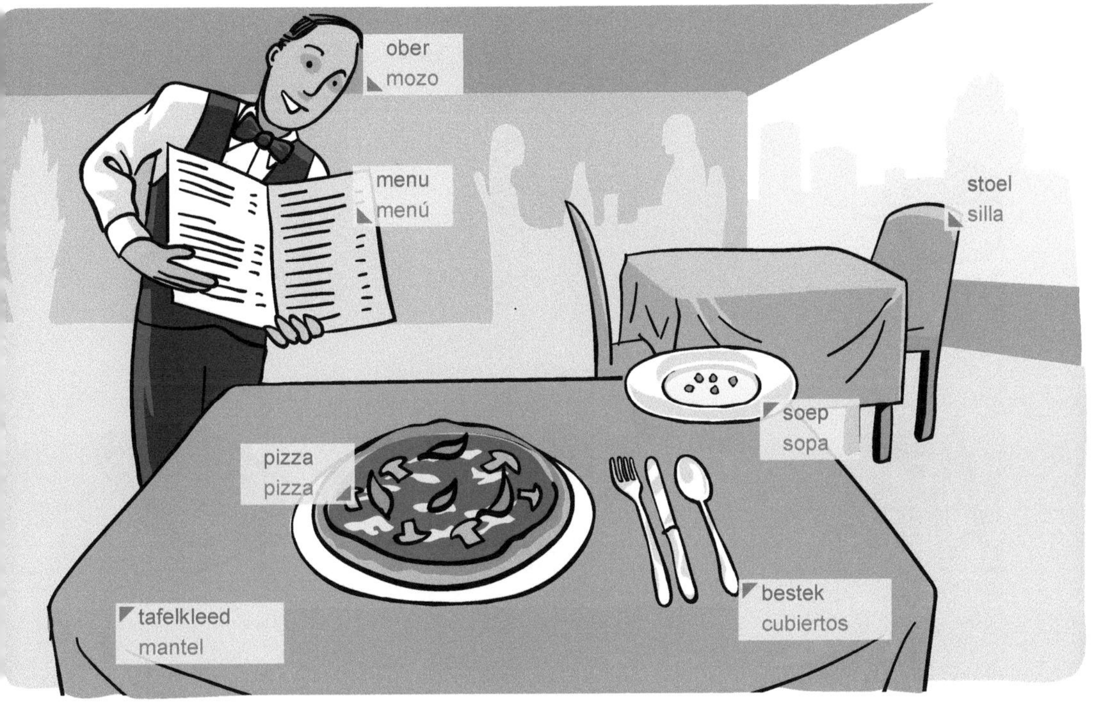
ober
mozo
menu
menú
stoel
silla
soep
sopa
pizza
pizza
tafelkleed
mantel
bestek
cubiertos

voorgerecht

entrada

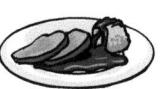

hoofdgerecht

plato principal

toetje

postre

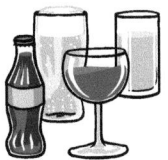

dranken

bebidas

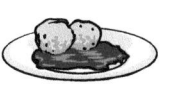

eten

comida

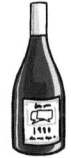

fles

botella

fastfood

comida rápida

eetkraampje

comida callejera

theepot

tetera

suikerpot

azucarera

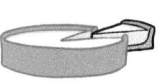

portie

porción

espressomachine

cafetera expreso

kinderstoel

sillita alta

rekening

cuenta

dienblad

bandeja

mes

cuchillo

vork

tenedor

lepel

cuchara

theelepel

cucharita

servet

servilleta

glas

vaso

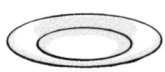

bord
plato

soepbord
plato hondo

schotel
plato

saus
salsa

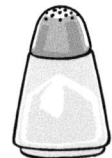

zoutvaatje
salero

pepermolen
molinillo de pimienta

azijn
vinagre

olie
aceite

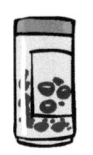

kruiden
especias

ketchup
kétchup

mosterd
mostaza

mayonaise
mayonesa

supermarkt

supermercado

aanbieding
oferta especial
FOR
klant
cliente
zuivelproducten
lácteos
fruit
fruta
winkelwagen
changuito

BUTCHERS

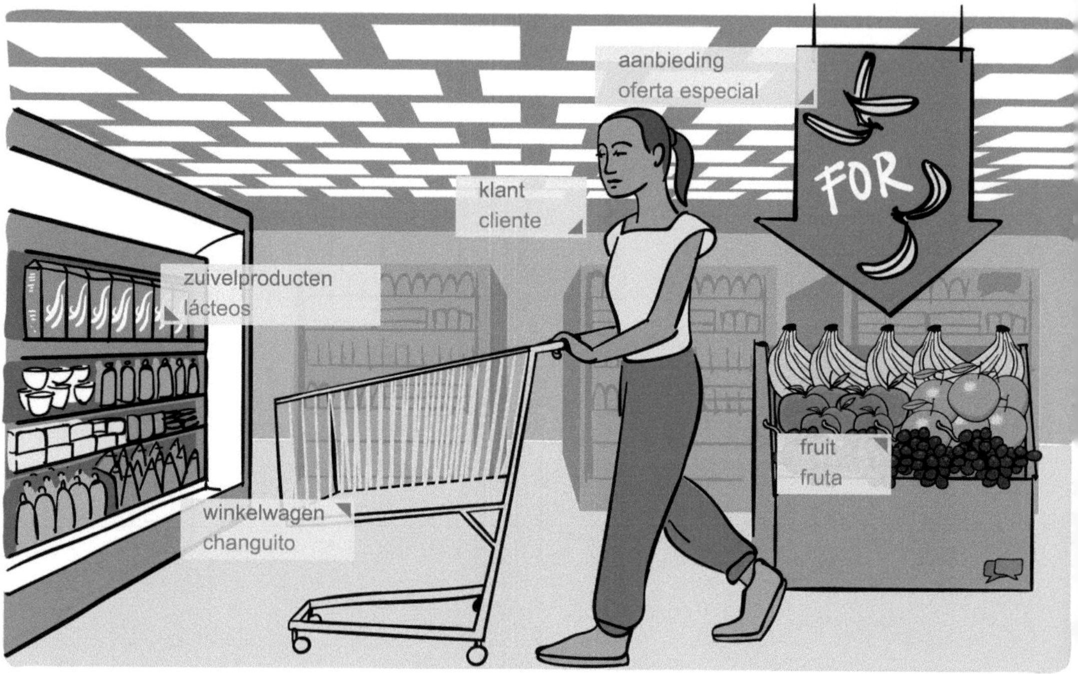

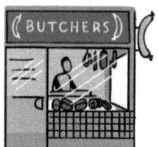

slager

carnicería

BAKERY

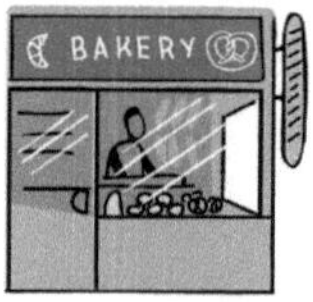

bakkerij

panadería

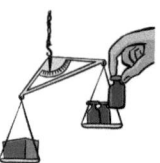

wegen

pesar

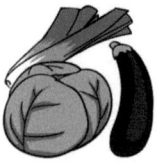

groente

verduras

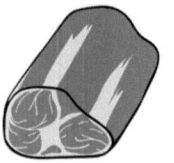

vlees

carne

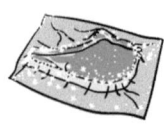

diepvriesproducten

alimentos congelados

vleeswaren

fiambres

conserven

alimentos enlatados

wasmiddel

detergente en polvo

snoepgoed

golosinas

huishoudelijke artikelen

electrodomésticos

schoonmaakmiddel

productos de limpieza

verkoopster

vendedora

kassa

caja

kassier

cajero

boodschappenlijstje

lista de compras

openingstijden

horario de atención

portefeuille

billetera

creditkaart

tarjeta de crédito

tas

cartera

plastic zak

bolsa de plástico

water

agua

sap

jugo

melk

leche

cola

bebida cola

wijn

vino

bier

cerveza

alcohol

alcohol

chocolademelk

cacao

thee

té

koffie

café

espresso

café expreso

cappuccino

cappuccino

banaan

banana

appel

manzana

sinaasappel

naranja

watermeloen

melón

citroen

limón

wortel

zanahoria

knoflook

ajo

bamboe

bambú

ui

cebolla

paddenstoel

champiñón

noten

nueces

pasta

fideos

spaghetti

tallarines

rijst

arroz

salade

ensalada

friet

papas fritas

gebakken aardappelen

papas fritas

pizza

pizza

hamburger

hamburguesa

sandwich

sándwich

schnitzel

churrasco

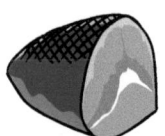

ham

jamón

salami

salame

worst

salchicha

kip

pollo

gebraad

asado

vis

pescado

havermout

copos de avena

muesli

muesli

cornflakes

copos de maíz

meel

harina

croissant

medialuna

broodjes

pancito

brood

pan

toast

tostada

koekjes

galletitas

boter

manteca

kwark

cuajada

taart

torta

ei

huevo

gebakken ei

huevo frito

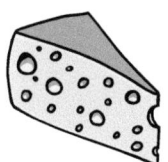

kaas

queso

ijs

helado

suiker

azúcar

honing

miel

jam

mermelada

chocoladepasta

pasta de chocolate

kerrie

curry

eten - comida

boerderij
granja

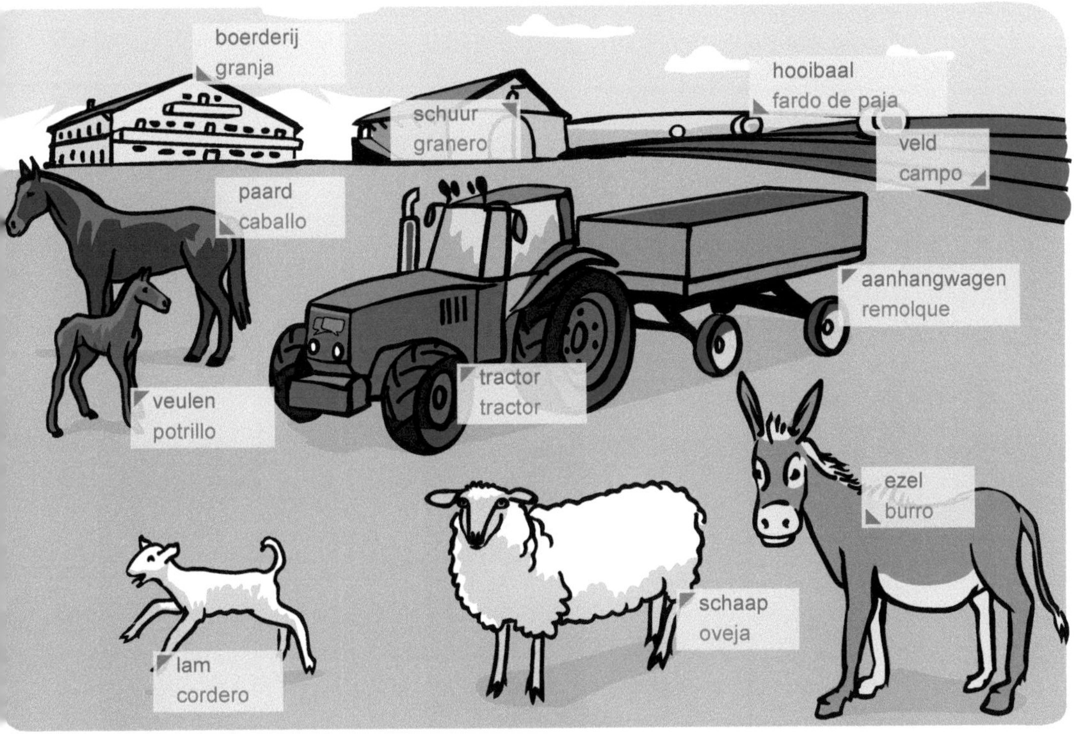
boerderij
granja
hooibaal
fardo de paja
schuur
granero
veld
campo
paard
caballo
aanhangwagen
remolque
tractor
tractor
veulen
potrillo
ezel
burro
schaap
oveja
lam
cordero

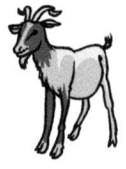

geit
cabra

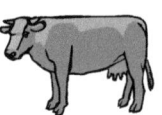

koe
vaca

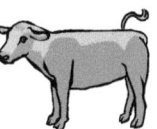

kalf
ternero

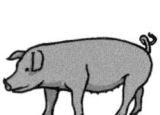

varken
cerdo

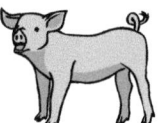

big
lechón

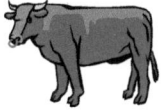

stier
toro

gans

ganso

eend

pato

kuiken

pollo

kip

gallina

haan

gallo

rat

rata

kat

gato

muis

ratón

os

buey

hond

perro

hondenhok

cucha

tuinslang

manguera

gieter

regadera

zeis

guadaña

ploeg

arado

sikkel

hoz

schoffel

azada

hooivork

horquilla

bijl

hacha

kruiwagen

carretilla

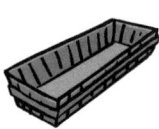

trog

abrevadero

melkbus

lechera

zak

bolsa

hek

reja

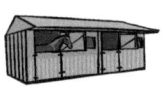

stal

establo

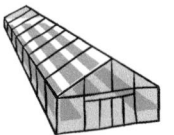

broeikas

invernadero

grond

suelo

zaad

semilla

mest

fertilizador

maaidorser

cosechadora

oogsten

cosechar

oogst

cosecha

yam

batatas

tarwe

trigo

soja

soja

aardappel

papa

maïs

maíz

koolzaad

semilla de colza

fruitboom

árbol frutal

maniok

mandioca

granen

cereales

huis

casa

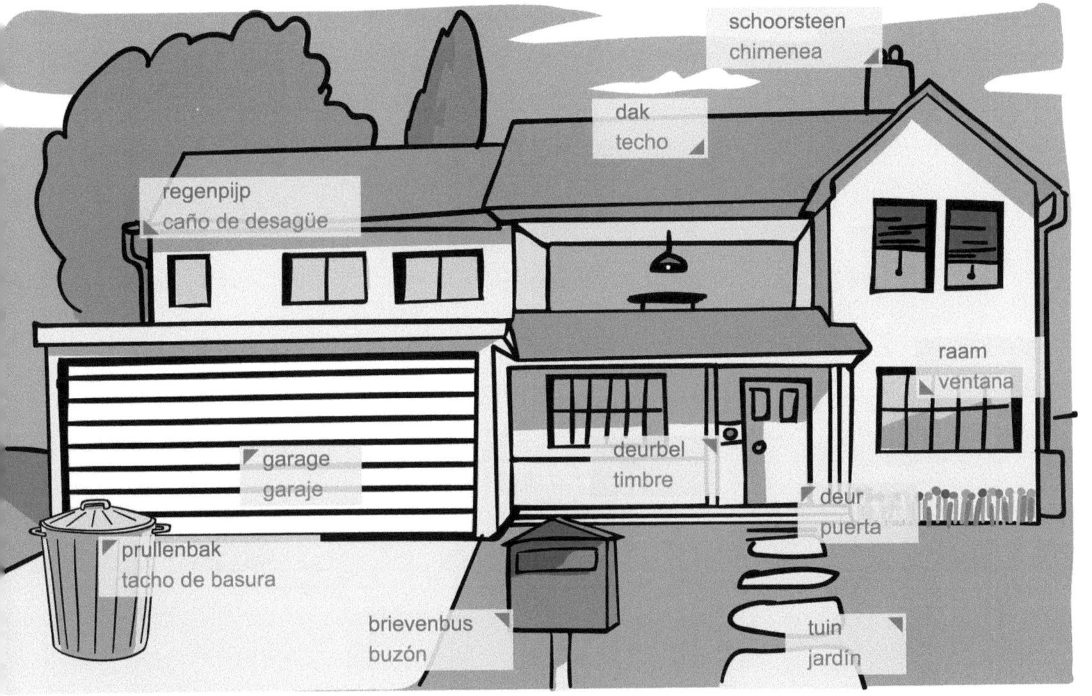

schoorsteen
chimenea
dak
techo
regenpijp
caño de desagüe
raam
ventana
garage
garaje
deurbel
timbre
deur
puerta
prullenbak
tacho de basura
brievenbus
buzón
tuin
jardín

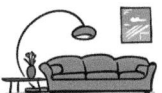

woonkamer

living

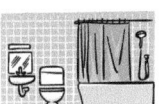

badkamer

baño

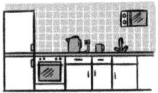

keuken

cocina

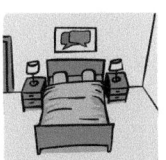

slaapkamer

dormitorio

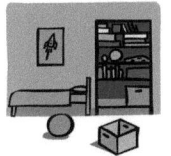

kinderkamer

cuarto de los chicos

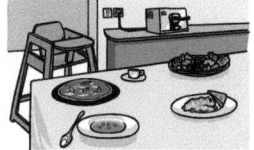

eetkamer

comedor

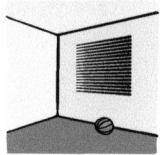

vloer

piso

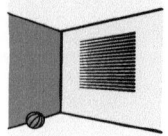

muur

pared

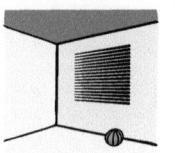

plafond

cielorraso

kelder

sótano

sauna

sauna

balkon

balcón

terras

terraza

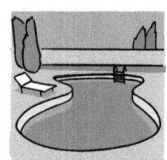

zwembad

pileta

grasmaaier

cortadora de pasto

laken

sábana

bedsprei

acolchado

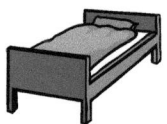

bed

cama

bezem

escoba

emmer

balde

schakelaar

interruptor

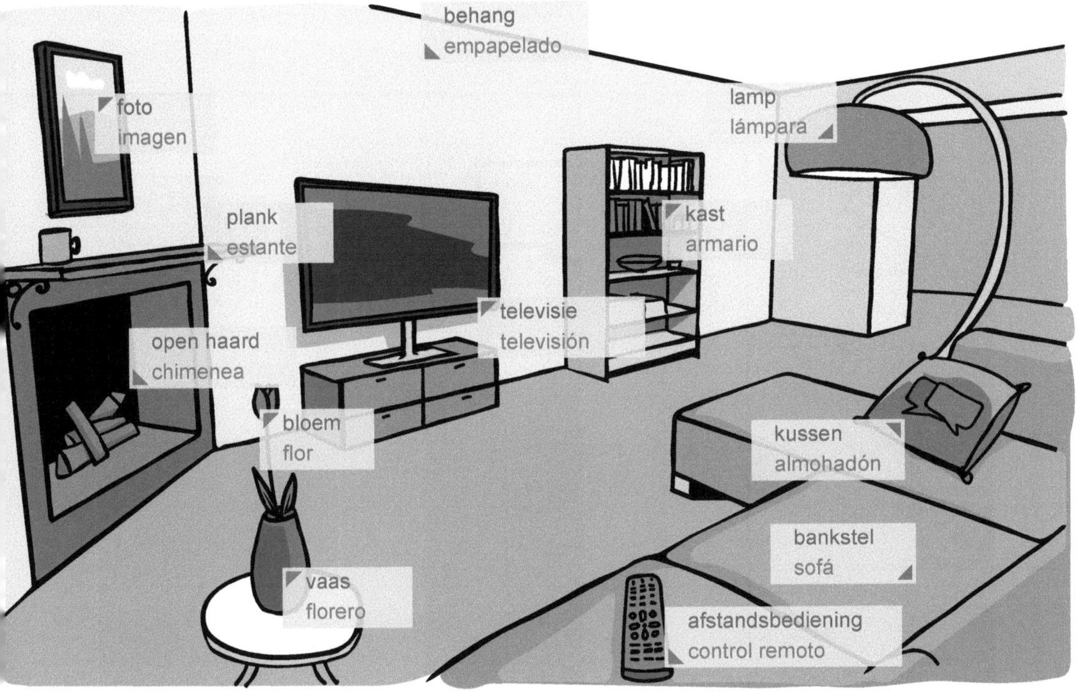

behang
empapelado

foto
imagen

lamp
lámpara

plank
estante

kast
armario

televisie
televisión

open haard
chimenea

bloem
flor

kussen
almohadón

bankstel
sofá

vaas
florero

afstandsbediening
control remoto

tapijt
alfombra

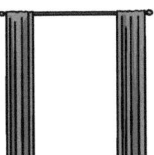

gordijn
cortina

tafel
mesa

stoel
silla

schommelstoel
mecedora

stoel
sillón

boek

libro

deken

frazada

decoratie

decoración

brandhout

leña

film

película

stereo-installatie

equipo de música

sleutel

llave

krant

diario

schilderij

pintura

poster

póster

radio

radio

kladblok

cuaderno

stofzuiger

aspiradora

cactus

cactus

kaars

vela

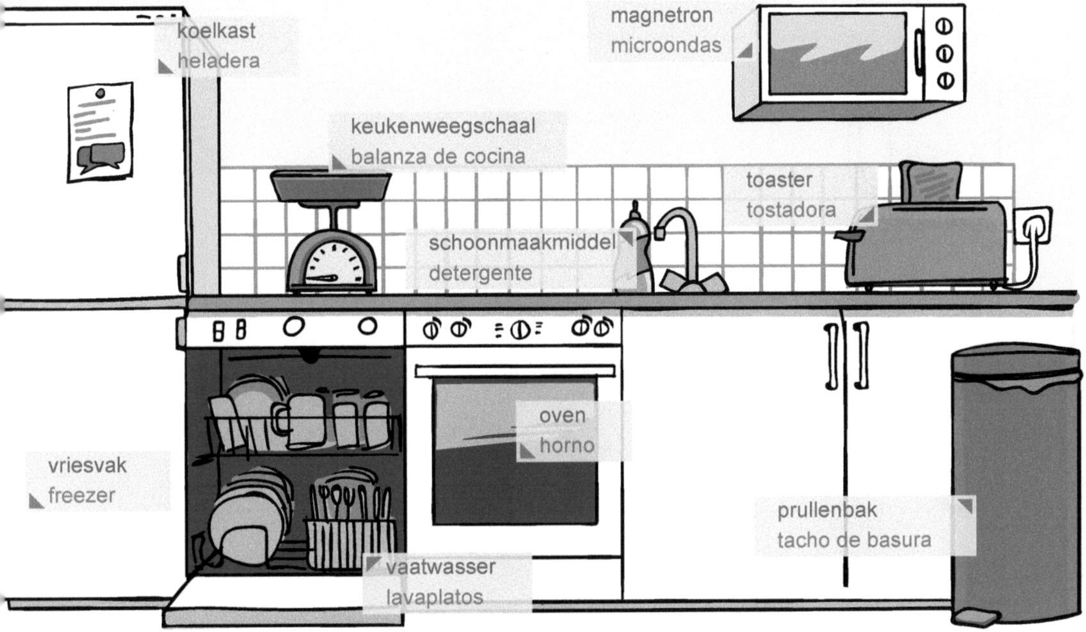

koelkast
heladera

magnetron
microondas

keukenweegschaal
balanza de cocina

toaster
tostadora

schoonmaakmiddel
detergente

oven
horno

vriesvak
freezer

prullenbak
tacho de basura

vaatwasser
lavaplatos

fornuis
cocina

pan
olla

gietijzeren pan
olla de hierro fundido

wok / kadai
wok

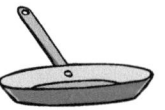

koekenpan
sartén

ketel
pava

stoomkoker

vaporera

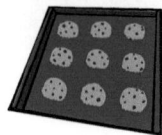

bakplaat

bandeja de horno

servies

vajilla

beker

taza

kom

bol

eetstokjes

palitos

soeplepel

cucharón

spatel

estpátula

garde

batidora

vergiet

colador

zeef

colador

rasp

rallador

vijzel

mortero

barbecue

parrilla

vuurhaard

fogata

keuken - cocina

snijplank

tabla de picar

deegroller

palo de amasar

kurkentrekker

sacacorchos

blik

lata

blikopener

abrelatas

pannenlap

manopla

wasbak

pileta

borstel

cepillo

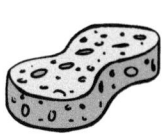

spons

esponja

blender

batidora

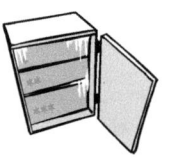

vriezer

congelador

babyflesje

mamadera

kraan

canilla

badkamer

baño

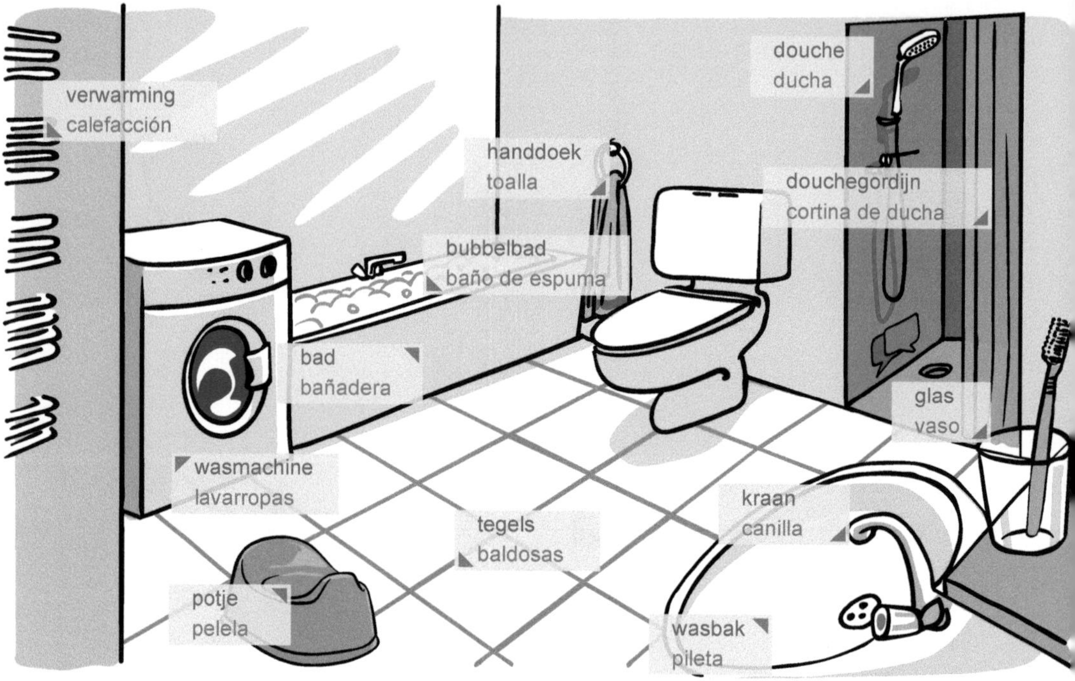
verwarming
calefacción
douche
ducha
handdoek
toalla
douchegordijn
cortina de ducha
bubbelbad
baño de espuma
bad
bañadera
glas
vaso
wasmachine
lavarropas
kraan
canilla
tegels
baldosas
potje
pelela
wasbak
pileta

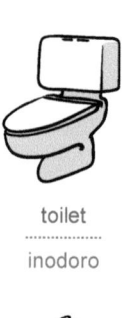

toilet

inodoro

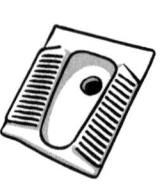

hurktoilet

letrina

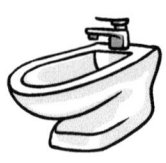

bidet

bidé

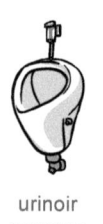

urinoir

mingitorio

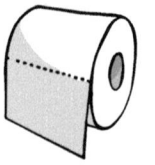

toiletpapier

papel higiénico

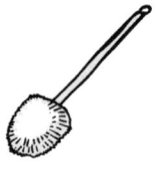

toiletborstel

cepillo para el inodoro

tandenborstel

cepillo de dientes

tandpasta

dentífrico

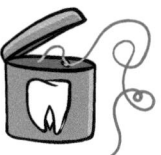

flosdraad

hilo dental

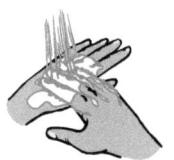

wassen

lavar

handdouche

ducha de mano

toiletdouche

ducha higiénica

waskom

palangana

rugborstel

cepillo para espalda

zeep

jabón

douchegel

gel de ducha

shampoo

shampoo

washanje

toallita

afvoer

desagüe

creme

crema

deodorant

desodorante

spiegel
espejo

make-upspiegel
espejito

scheermes
maquinita de afeitar

scheerschuim
espuma de afeitar

aftershave
aftershave

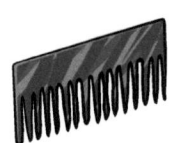

kam
peine

borstel
cepillo

haardroger
secador de pelo

haarspray
spray

make-up
maquillaje

lippenstift
lápiz de labios

nagellak
esmalte para uñas

watten
algodón

nagelschaartje
tijera para uñas

parfum
perfume

toilettas

portacosméticos

kruk

banqueta

weegschaal

balanza

badjas

bata

rubber handschoenen

guantes de goma

tampon

tampón

maandverband

toallita femenina

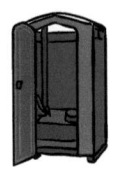

chemisch toilet

baño químico

kinderkamer
cuarto de los chicos

wekker
despertador
knuffeldier
peluche
speelgoedauto
coche de juguete
rammelaar
sonajero
poppenhuis
casa de muñecas
cadeau
regalo

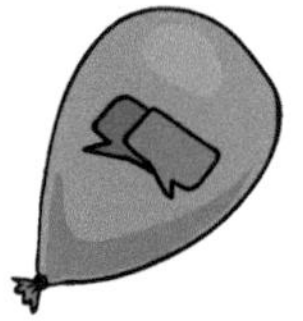

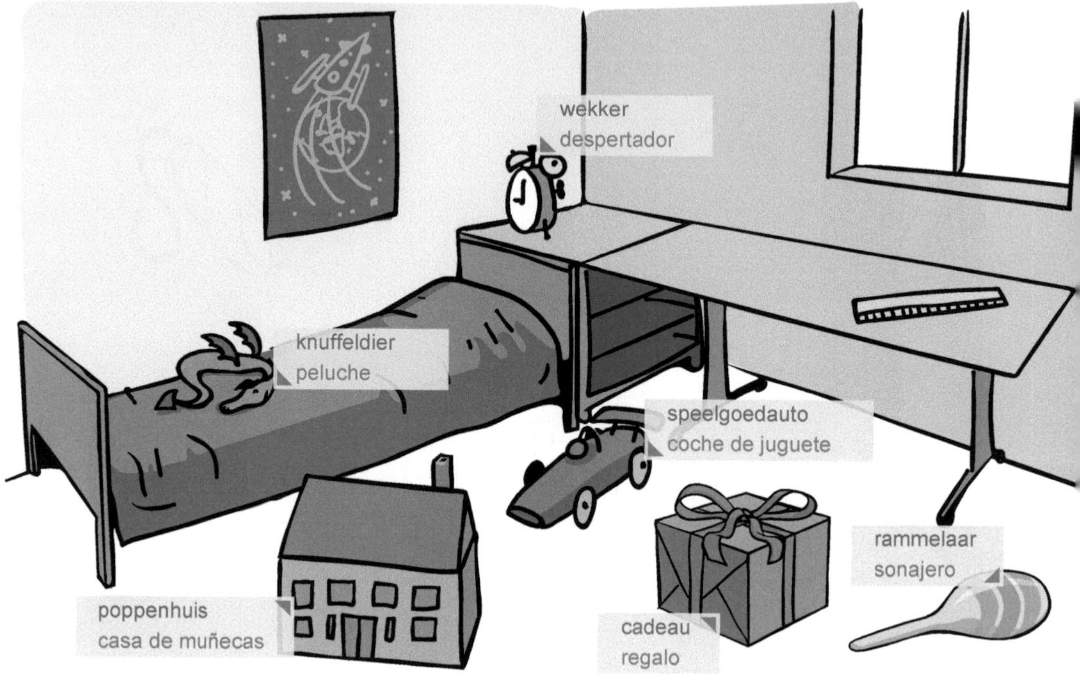

ballon
globo

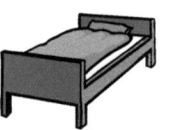

bed
cama

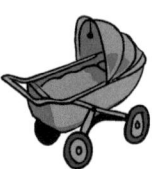

kinderwagen
cochecito

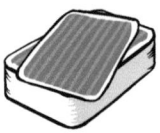

kaartspel
cartas

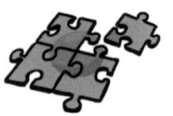

puzzel
rompecabezas

SUPER MEGA

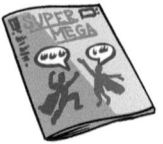

stripverhaal
historieta

legostenen

piezas de lego

speelgoedblokken

ladrillos de juguete

actiefiguurtje

figura de acción

romper

enterito (de bebé)

frisbee

frisbee

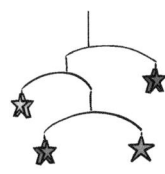

mobile

móvil para bebés

bordspel

juego de mesa

dobbelsteen

dados

modeltrein

tren eléctrico

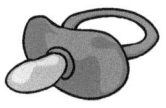

speen

chupete

feestje

fiesta

prentenboek

libro de cuentos ilustrado

bal

pelota

pop

muñeca

spelen

jugar

zandbak

arenero

schommel

hamaca

speelgoed

juguetes

spelcomputer

consola de videojuegos

driewieler

triciclo

teddybeer

osito de peluche

kleerkast

armario

kleding

ropa

sokken

medias

kousen

medias panty

panty

calzas

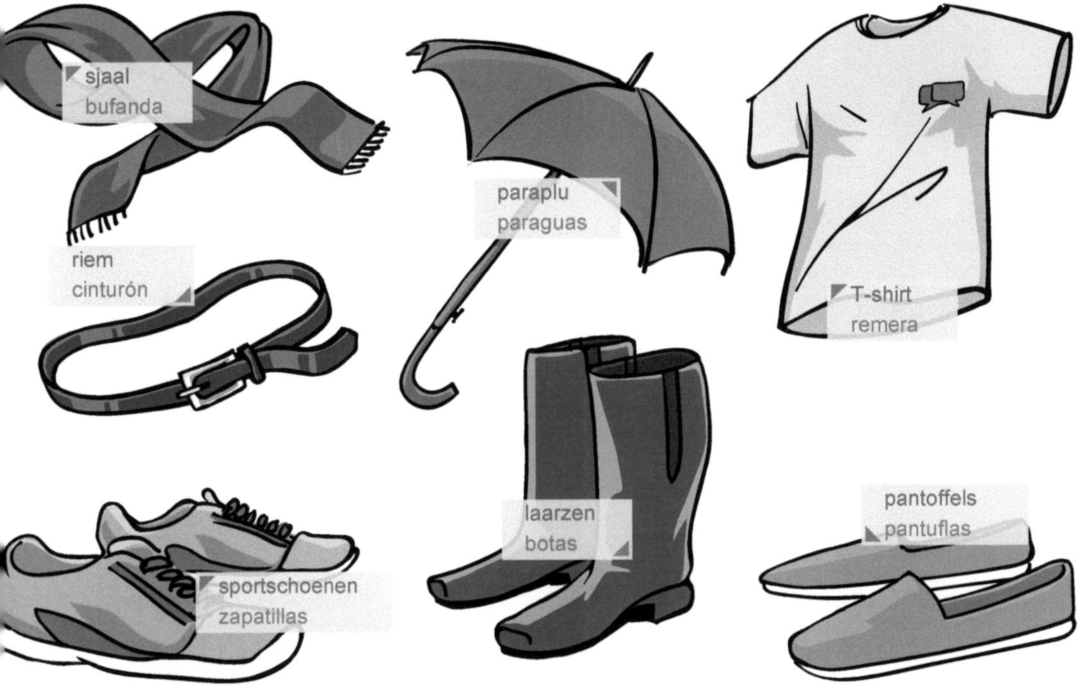

sjaal
bufanda

paraplu
paraguas

riem
cinturón

T-shirt
remera

laarzen
botas

pantoffels
pantuflas

sportschoenen
zapatillas

sandalen
sandalias

schoenen
zapatos

rubberlaarzen
botas de goma

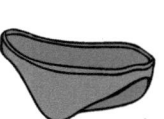
onderbroek
ropa interior

beha
corpiño

onderhemd
chaleco

kleding - ropa

45

body
body

broek
pantalones

spijkerbroek
jeans

rok
pollera

blouse
blusa

overhemd
camisa

trui
pulóver

hoody
buzo

blazer
blazer

jas
campera

mantel
tapado

regenjas
piloto

kostuum
traje

jurk
vestido

trouwjurk
vestido de novia

pak
traje

nachthemd
camisón

pyjama
pijama

sari
sari

hoofddoek
pañuelo para cabeza

tulband
turbante

boerka
burka

kaftan
caftán

abaja
abaya

zwempak
traje de baño

zwembroek
short de baño

korte broek
shorts

trainingspak
jogging

schort
delantal

handschoenen
guantes

knoop
botón

bril
anteojos

armband
pulsera

ketting
collar

ring
anillo

oorbel
aro

pet
gorra

kledinghanger
percha

hoed
sombrero

stropdas
corbata

rits
cierre

helm
casco

bretels
tiradores

schooluniform
uniforme escolar

uniform
uniforme

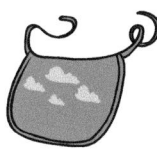

slabbetje

babero

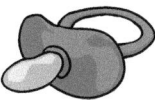

speen

chupete

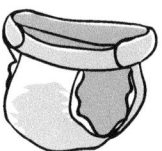

luier

pañal

kantoor
oficina

server
servidor
archiefkast
archivero
printer
impresora
papier
papel
beeldscherm
monitor
muis
mouse
bureau
escritorio
map
carpeta
toetsenbord
teclado
prullenmand
tacho (de basura)
computer
computadora
stoel
silla

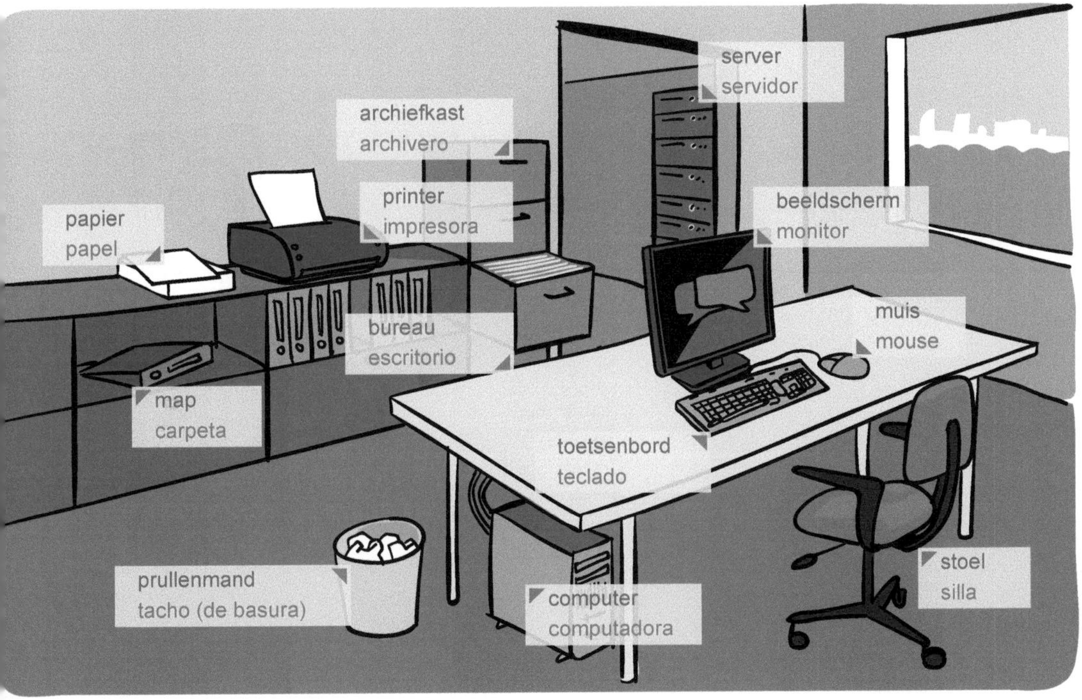

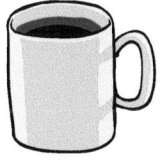

koffiemok

taza de café

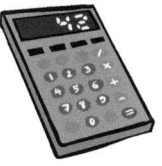

rekenmachine

calculadora

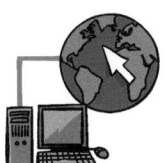

internet

internet

laptop

laptop

brief

carta

bericht

mensaje

mobiele telefoon

celular

netwerk

red

kopieermachine

fotocopiadora

software

software

telefoon

teléfono

stopcontact

tomacorriente

fax

fax

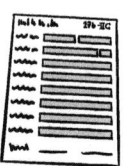

formulier

formulario

document

documento

kopen

comprar

betalen

pagar

handel drijven

hacer negocios

geld

dinero

dollar

dólar

euro

euro

yen

yen

roebel

rublo

Zwitserse frank

franco suizo

renminbi yuan

yuan

roepie

rupia

geldautomaat

cajero automático

wisselkantoor

casa de cambio

goud

oro

zilver

plata

olie

petróleo

energie

energía

prijs

precio

contract

contrato

belasting

impuesto

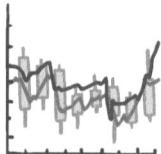

aandeel

acción

werken

trabajar

werknemer

empleado

werkgever

empleador

fabriek

fábrica

winkel

negocio

politieagent
policia

brandweerman
bombero

kok
cocinero

dokter
médico

piloot
piloto

tuinman

jardinero

timmerman

carpintero

naaister

modista

rechter

juez

scheikundige

farmacéutico

toneelspeler

actor

buschauffeur

colectivero

taxichauffeur

taxista

visser

pescador

schoonmaakster

mucama

dakdekker

techista

ober

mozo

jager

cazador

schilder

pintor

bakker

panadero

elektricien

electricista

bouwvakker

albañil

ingenieur

ingeniero

slager

carnicero

loodgieter

plomero

postbode

cartero

soldaat

soldado

architect

arquitecto

kassier

cajero

bloemist

florista

kapper

peluquero

conducteur

cobrador

monteur

mecánico

kapitein

capitán

tandarts

dentista

wetenschapper

científico

rabbi

rabino

imam

imán

monnik

monje

pastoor

sacerdote

gereedschap
herramientas

tang
tenaza
hamer
martillo
schroevendraaier
destornillador
zaklamp
linterna
moersleutel
llave

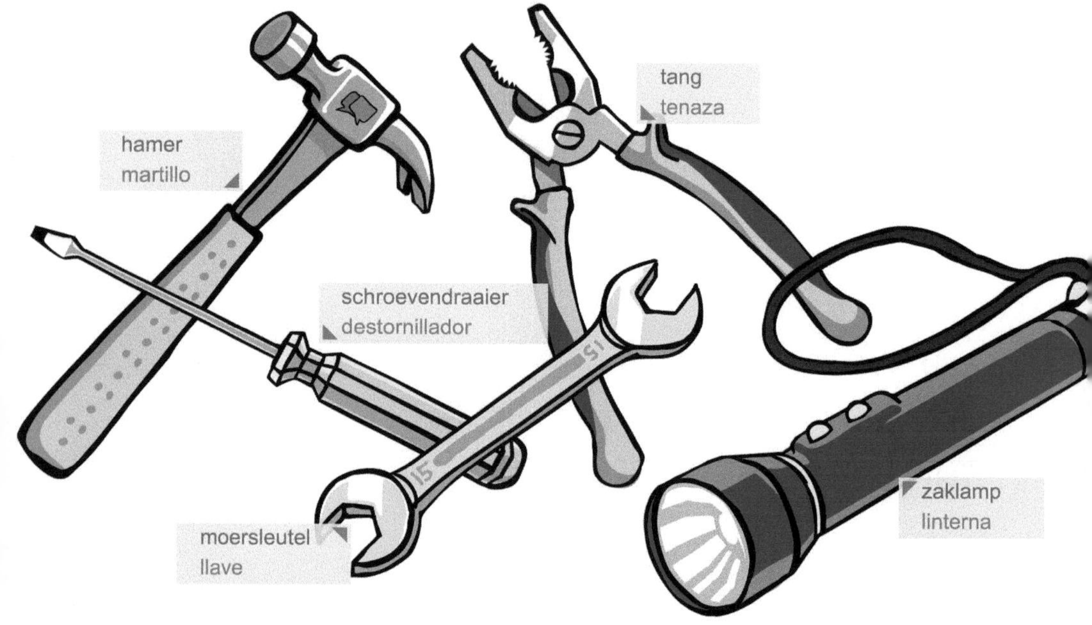

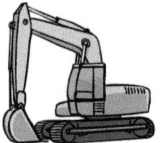

graafmachine

excavadora

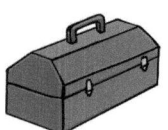

gereedschapskist

caja de herramientas

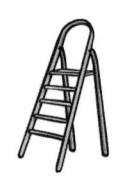

ladder

escalera portátil

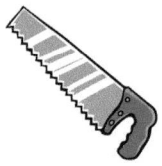

zaag

sierra

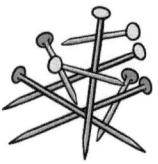

spijkers

clavos

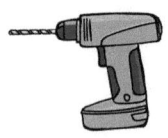

boor

taladro

repareren

arreglar

schep

pala de jardín

Verdorie!

¡Qué bronca!

stofblik

pala de plástico

verfpot

tacho de pintura

schroeven

tornillos

muziekinstrumenten
instrumentos musicales

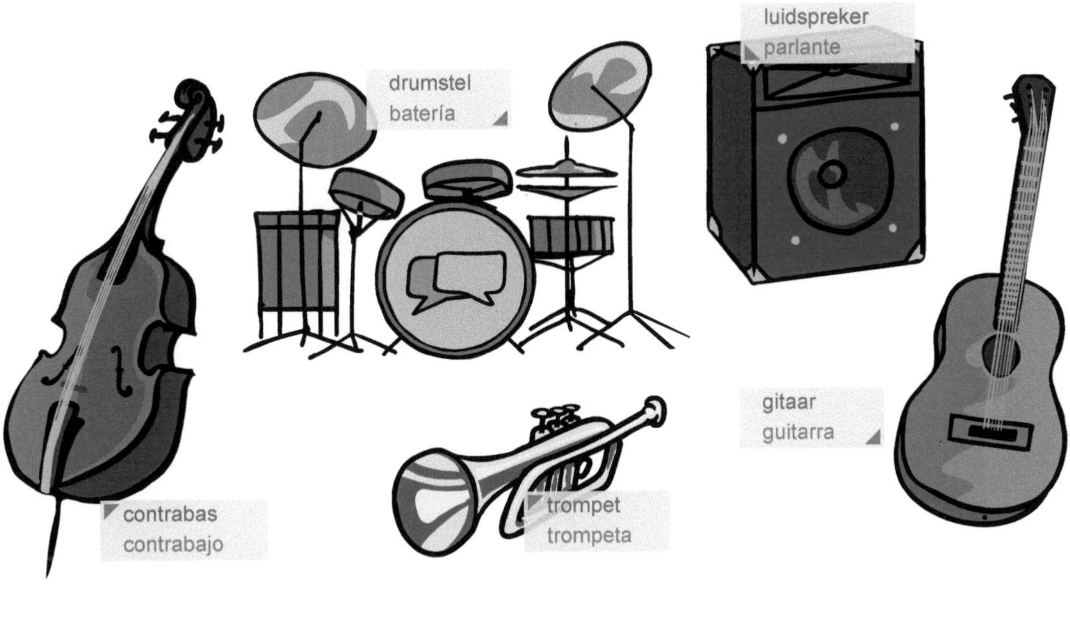

luidspreker
parlante

drumstel
batería

contrabas
contrabajo

trompet
trompeta

gitaar
guitarra

piano
piano

viool
violín

bas
bajo

pauk
timbales

trommel
tambor

keyboard
teclado

saxofoon
saxofón

fluit
flauta

microfoon
micrófono

dierentuin
zoológico

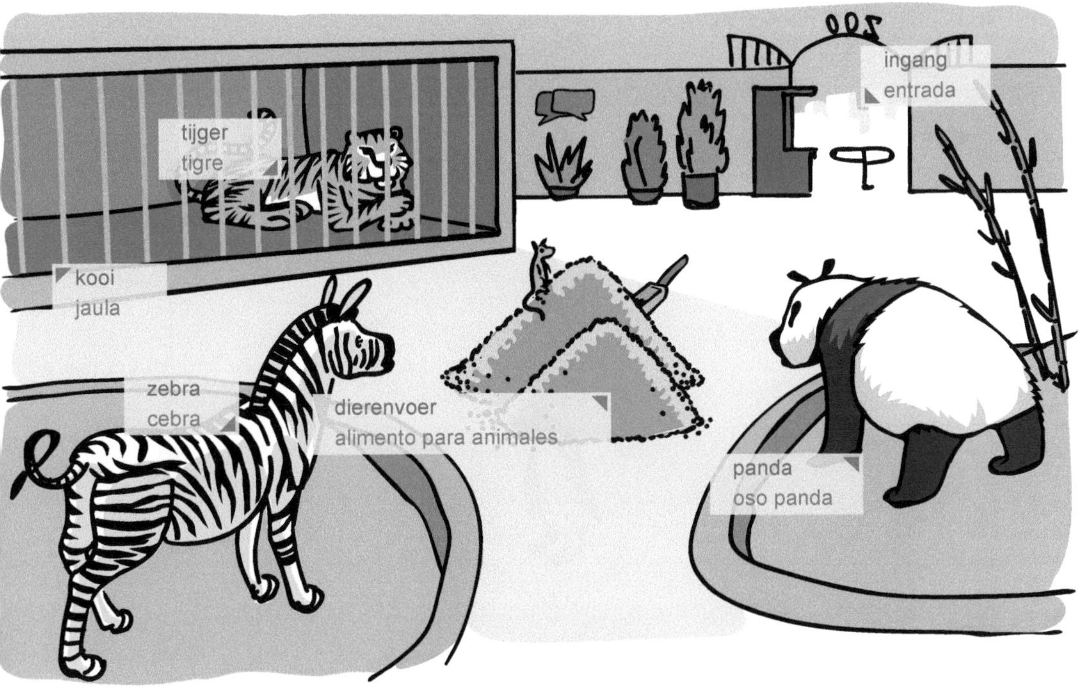

tijger
tigre
ingang
entrada
kooi
jaula
zebra
cebra
dierenvoer
alimento para animales
panda
oso panda

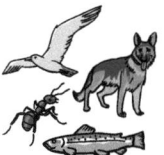

dieren

animales

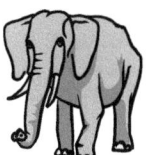

olifant

elefante

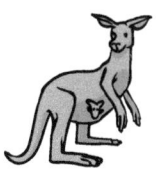

kangoeroe

canguro

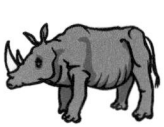

neushoorn

rinoceronte

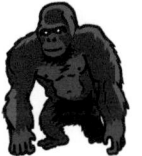

gorilla

gorila

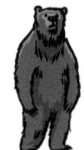

beer

oso

kameel

camello

struisvogel

avestruz

leeuw

león

aap

mono

flamingo

flamenco

papegaai

loro

ijsbeer

oso polar

pinguïn

pingüino

haai

tiburón

pauw

pavo real

slang

serpiente

krokodil

cocodrilo

dierenverzorger

cuidador del zoológico

zeehond

foca

jaguar

jaguar

pony
poni

luipaard
leopardo

nijlpaard
hipopótamo

giraffe
jirafa

adelaar
águila

wild zwijn
jabalí

vis
pescado

schildpad
tortuga

walrus
morsa

vos
zorro

gazelle
gacela

American football
fútbol americano

wielrennen
ciclismo

tennis
tenis

basketbal
básquet

zwemmen
natación

boksen
boxeo

ijshockey
hockey sobre hielo

voetbal
fútbol

badminton
bádminton

atletiek
atletismo

handbal
handball

skiën
esquí

polo
polo

activiteiten
actividades

lachen
reír
springen
saltar
knuffelen
abrazar
lopen
caminar
zingen
cantar
dromen
soñar
bidden
rezar
kussen
besar

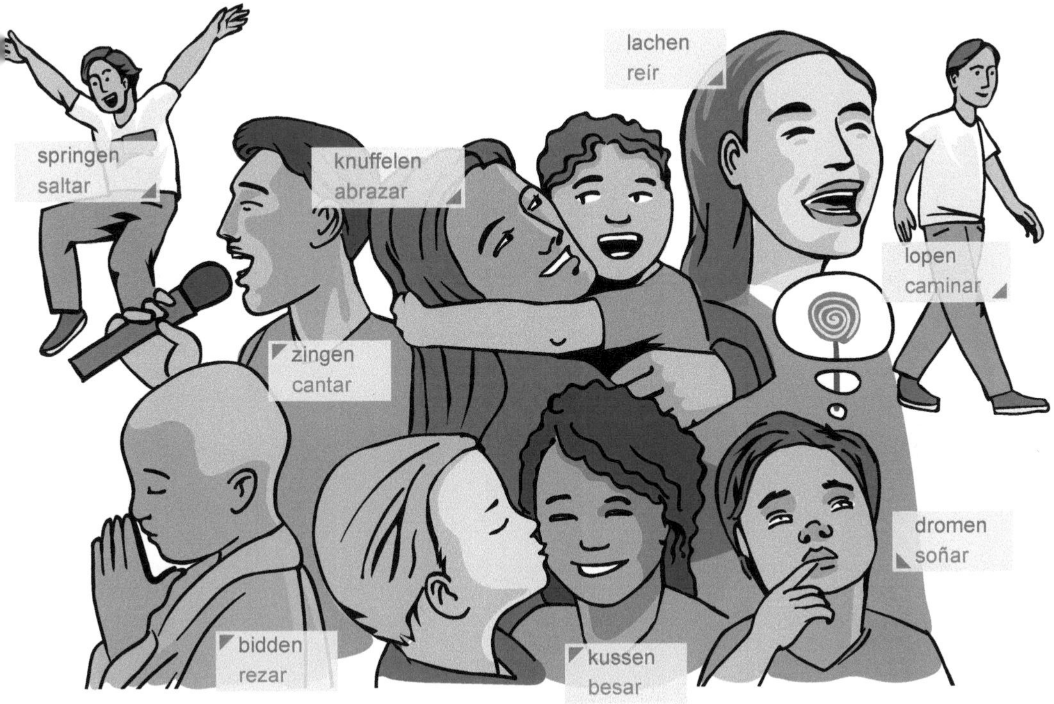

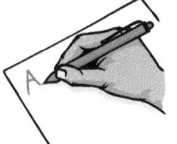

schrijven

escribir

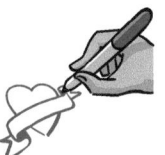

tekenen

dibujar

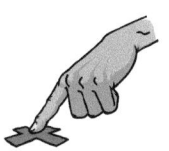

tonen

mostrar

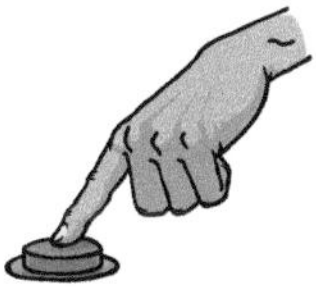

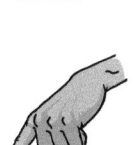

duwen

presionar

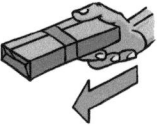

geven

dar

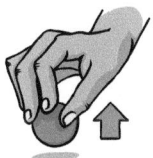

oppakken

tomar

hebben

tener

doen

hacer

zijn

ser

staan

estar parado

rennen

correr

trekken

tirar

gooien

tirar

vallen

caer

liggen

estar acostado

wachten

esperar

dragen

llevar

zitten

estar sentado

aankleden

vestirse

slapen

dormir

wakker worden

despertar

bekijken

mirar

huilen

llorar

strelen

acariciar

kammen

peinar

praten

hablar

begrijpen

entender

vragen

preguntar

horen

escuchar

drinken

beber

eten

comer

opruimen

ordenar

houden van

amar

koken

cocinar

rijden

manejar

vliegen

volar

zeilen

navegar

rekenen

calcular

lezen

leer

leren

aprender

werken

trabajar

trouwen

casarse

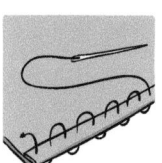

naaien

coser

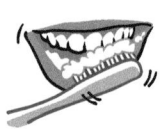

tandenpoetsen

cepillarse los dientes

doden

matar

roken

fumar

verzenden

enviar

grootmoeder
abuela

grootvader
abuelo

vader
padre

moeder
madre

baby
bebé

dochter
hija

zoon
hijo

gast

invitado

tante

tía

oom

tío

broer

hermano

zus

hermana

lichaam
cuerpo

voorhoofd
frente
oog
ojo
schouder
hombro
vinger
dedo
gezicht
cara
kin
pera
hand
mano
been
pierna
borst
pecho
arm
brazo

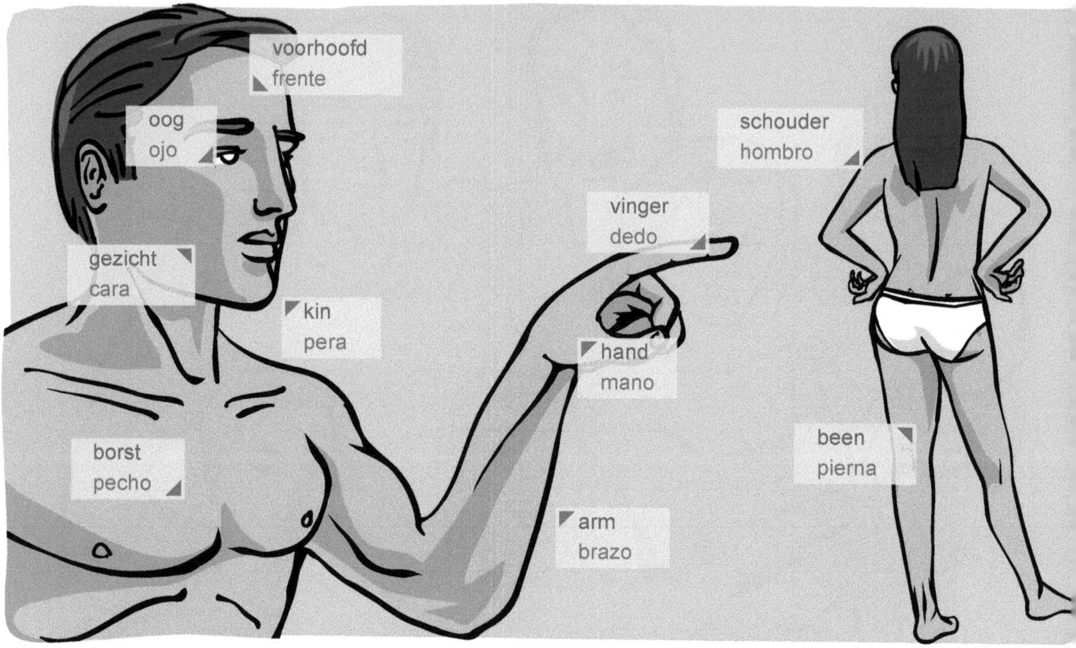

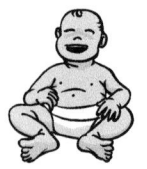

baby
bebé

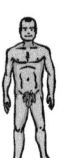

man
hombre

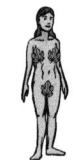

vrouw
mujer

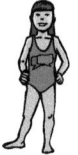

meisje
nena

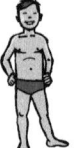

jongen
nene

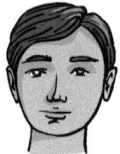

hoofd
cabeza

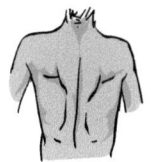

rug

espalda

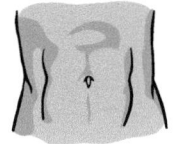

buik

panza

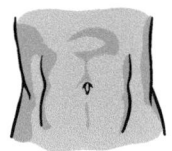

navel

ombligo

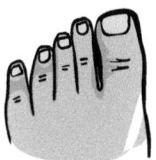

teen

dedo del pie

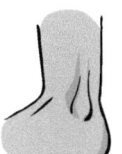

hiel

talón

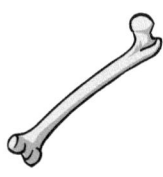

bot

hueso

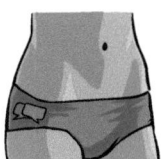

heup

cadera

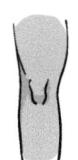

knie

rodilla

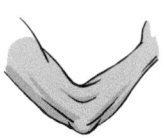

elleboog

codo

neus

nariz

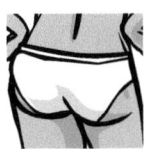

achterwerk

cola

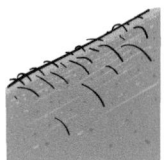

huid

piel

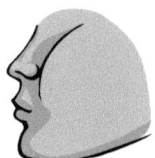

wang

cachete

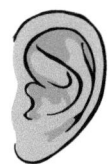

oor

oreja

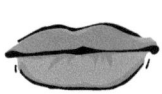

lippen

labio

mond
boca

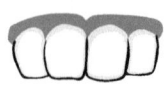

tand
diente

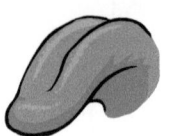

tong
lengua

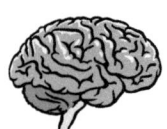

hersenen
cerebro

hart
corazón

spier
músculo

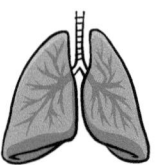

long
pulmón

lever
hígado

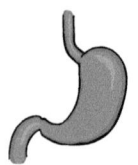

maag
estómago

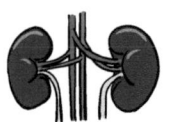

nieren
riñones

geslachtsgemeenschap
sexo

condoom
preservativo

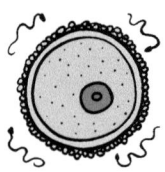

eicel
óvulo

sperma
semen

zwangerschap
embarazo

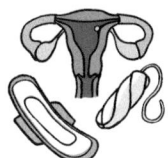

menstruatie
menstruación

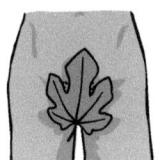

vagina
vagina

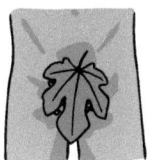

penis
pene

wenkbrauw
ceja

haar
pelo

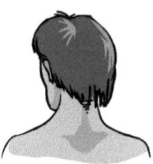

hals
cuello

ziekenhuis
hospital

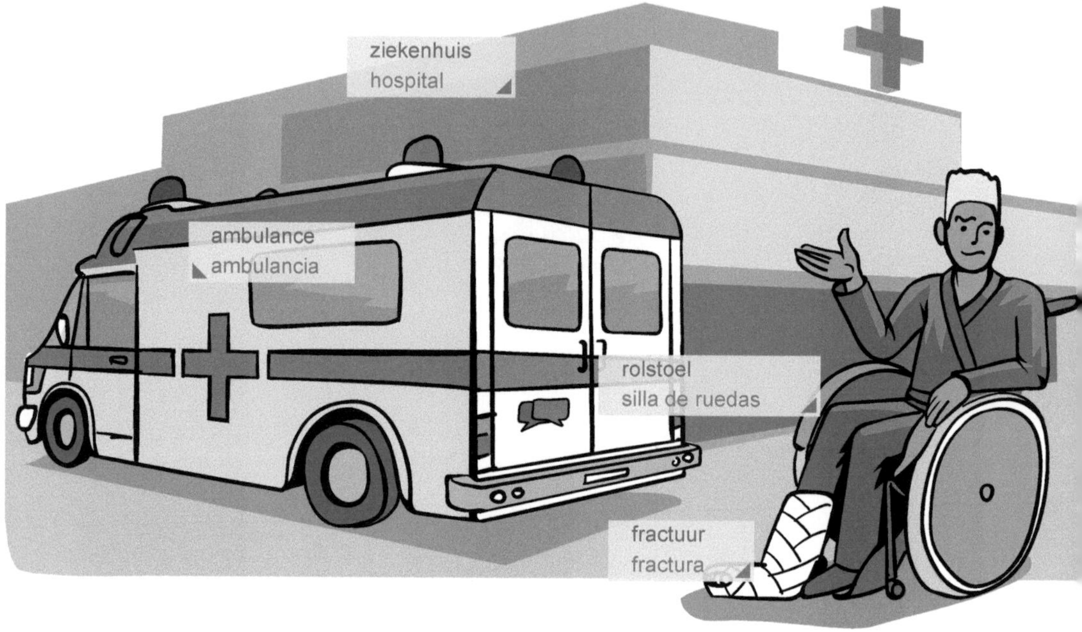

ziekenhuis
hospital
ambulance
ambulancia
rolstoel
silla de ruedas
fractuur
fractura

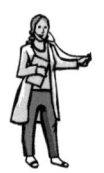

dokter

médico

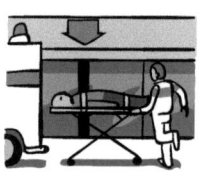

EHBO

sala de guardia

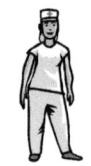

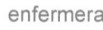

verpleegster

enfermera

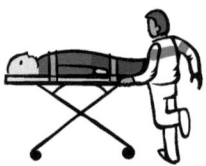

noodgeval

emergencia

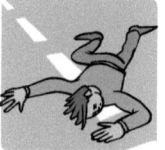

bewusteloos

inconsciente

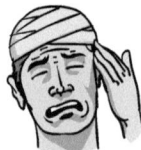

pijn

dolor

verwonding

lesión

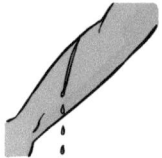

bloeding

hemorragia

hartaanval

infarto

beroerte

ACV

allergie

alergia

hoest

tos

koorts

fiebre

griep

gripe

diarree

diarrea

hoofdpijn

dolor de cabeza

kanker

cáncer

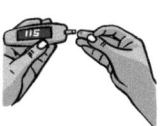

diabetes

diabetes

chirurg

cirujano

scalpel

bisturí

operatie

operación

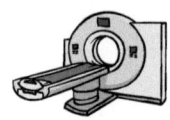

CT
TC

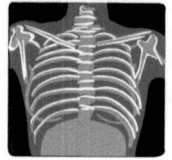

röntgen
rayos x

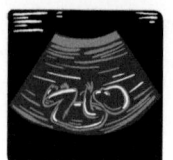

echografie
ecografía

gezichtsmasker
barbijo

ziekte
enfermedad

wachtkamer
sala de espera

kruk
muleta

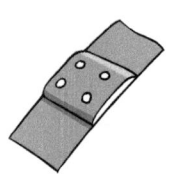

pleister
curita

verband
venda

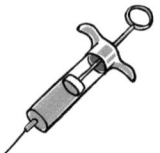

injectie
inyección

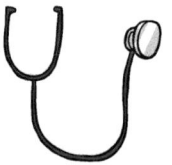

stethoscoop
estetoscopio

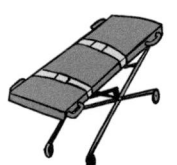

brancard
camilla

thermometer
termómetro

geboorte
nacimiento

overgewicht
sobrepeso

gehoorapparaat
audífono

ontsmettingsmiddel
desinfectante

infectie
infección

virus
virus

HIV / AIDS
VIH / SIDA

medicijn
remedio

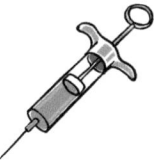

inenting
vacunación

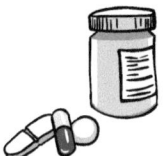

tabletten
comprimidos

pil
pastilla anticonceptiva

alarmnummer
llamada de emergencia

bloeddrukmeter
tensiómetro

ziek / gezond
enfermo / sano

alarm

alarma

overval

agresión

Help!

¡Ayuda!

aanval

ataque

gevaar

peligro

nooduitgang

salida de emergencia

Brand!

¡Fuego!

brandblusser

matafuego

ongeluk

accidente

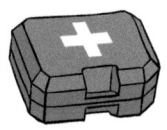

EHBO-koffer

botiquín de primeros
auxilios

SOS

SOS

politie

policía

Europa

Europa

Noord-Amerika

América del Norte

Zuid-Amerika

América del Sur

Afrika

África

Azië

Asia

Australië

Australia

Atlantische Oceaan

Atlántico

Stille Oceaan

Pacífico

Indische Oceaan

Océano Índico

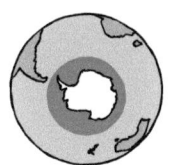

Zuidelijke Oceaan

Océano Antártico

Noordelijke IJszee

Océano Ártico

Noordpool

polo norte

Zuidpool

polo sur

Antarctica

Antártida

aarde

Tierra

land

tierra

zee

mar

eiland

isla

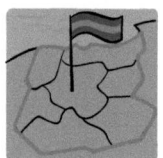

natie

nación

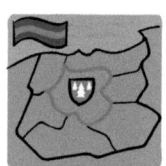

staat

estado

wijzerplaat

esfera

uurwijzer

manecilla de las horas

minutenwijzer

minutero

secondewijzer

segundero

Hoe laat is het?

¿Qué hora es?

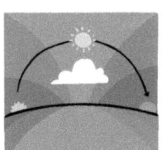

dag

día

tijd

hora

nu

ahora

digitaal horloge

reloj digital

minuut

minuto

uur

hora

week

semana

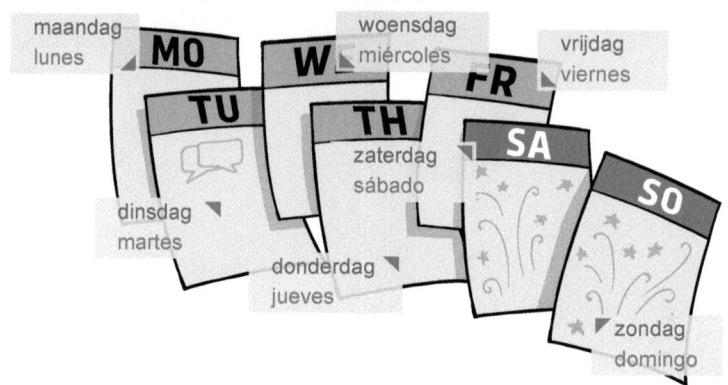

maandag / lunes — MO
woensdag / miércoles — W
vrijdag / viernes — FR
dinsdag / martes — TU
zaterdag / sábado — TH
donderdag / jueves — SA
zondag / domingo — SO

gisteren
ayer

vandaag
hoy

morgen
mañana

ochtend
mañana

middag
mediodía

avond
tarde

MO	TU	WE	TH	FR	SA	SU
1	2	3	4	5	6	7
8	9	10	11	12	13	14
15	16	17	18	19	20	21
22	23	24	25	26	27	28
29	30	31	1	2	3	4

werkdagen
días hábiles

MO	TU	WE	TH	FR	SA	SU
1	2	3	4	5	6	7
8	9	10	11	12	13	14
15	16	17	18	19	20	21
22	23	24	25	26	27	28
29	30	31	1	2	3	4

weekend
fin de semana

regen
lluvia

regenboog
arco iris

wind
viento

sneeuw
nieve

voorjaar
primavera

zomer
verano

herfst
otoño

winter
invierno

4.APRIL	11°	☀
5.APRIL	4°	☂
6.APRIL	13°	☂
7.APRIL	8°	❄
8.APRIL	10°	❄

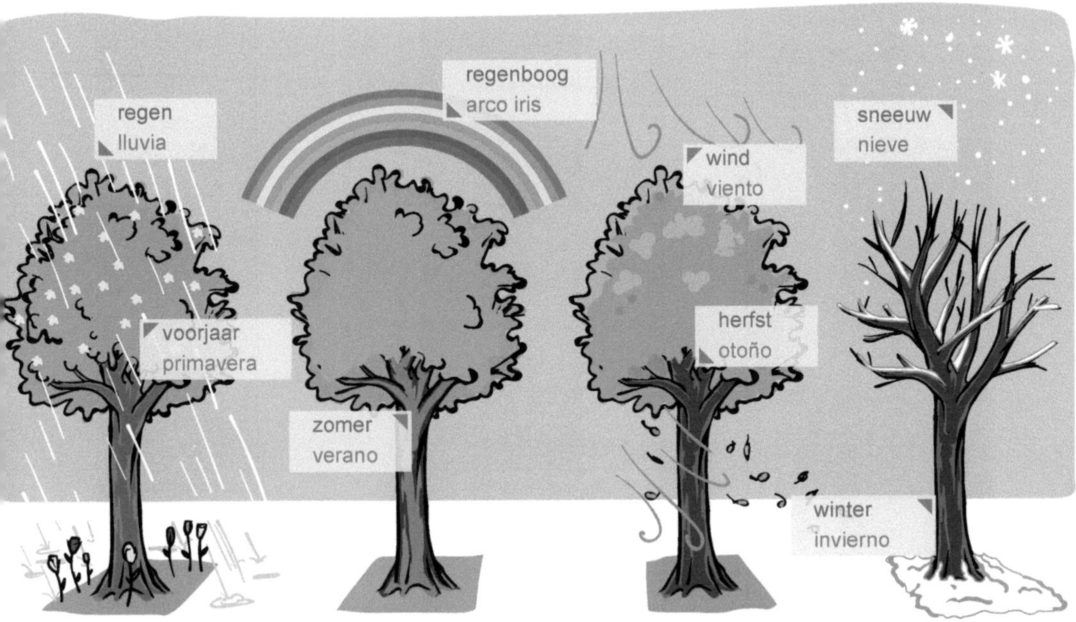

weerbericht
....
pronóstico meteorológico

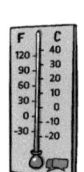

thermometer
....
termómetro

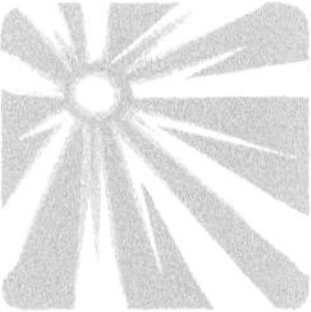

zonneschijn
....
luz del sol

wolk
....
nube

mist
....
niebla

luchtvochtigheid
....
humedad

bliksem

rayo

donder

trueno

storm

tormenta

hagel

granizo

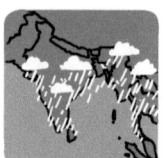

moesson

monzón

overstroming

inundación

ijs

hielo

januari

enero

februari

febrero

maart

marzo

april

abril

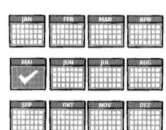

mei

mayo

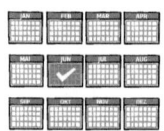

juni

junio

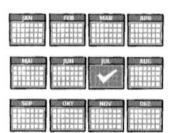

juli

julio

augustus

agosto

september
....
septiembre

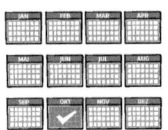

oktober
....
octubre

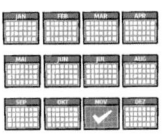

november
....
noviembre

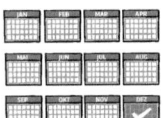

december
....
diciembre

vormen
formas

cirkel
....
círculo

vierkant
....
cuadrado

rechthoek
....
rectángulo

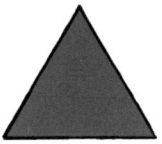

driehoek
....
triángulo

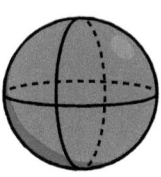

bol
....
esfera

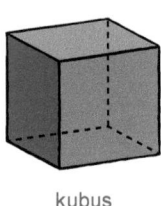

kubus
....
cubo

kleuren
colores

wit

blanco

geel

amarillo

oranje

naranja

roze

rosa

rood

rojo

paars

violeta

blauw

azul

groen

verde

bruin

marrón

grijs

gris

zwart

negro

veel / weinig

mucho / poco

boos / rustig

enojado / tranquilo

mooi / lelijk

lindo / feo

begin / einde

principio / fin

groot / klein

grande / chico

licht / donker

claro / oscuro

broer / zus

hermano / hermana

schoon / vies

limpio / sucio

volledig / onvolledig

completo / incompleto

dag/ nacht

día / noche

dood / levend

muerto / vivo

breed / smal

ancho / angosto

eetbaar / oneetbaar

comestible / no comestible

gemeen / aardig

malo / amable

opgewonden / verveeld

entusiasmado / aburrido

dik / dun

gordo / flaco

eerste / laatste

primero / último

vriend / vijand

amigo / enemigo

vol / leeg

lleno / vacío

hard / zacht

duro / blando

zwaar / licht

pesado / liviano

honger / dorst

hambre / sed

ziek / gezond

enfermo / sano

illegaal / legaal

ilegal / legal

intelligent / dom

inteligente / estúpido

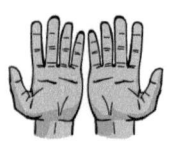

links / rechts

izquierda / derecha

dichtbij / ver

cerca / lejos

nieuw / gebruikt

nuevo / usado

niets / iets

nada / algo

oud / jong

viejo / joven

aan / uit

encendido / apagado

open / gesloten

abierto / cerrado

zacht / luid

silencioso / ruidoso

rijk / arm

rico / pobre

goed / fout

correcto / incorrecto

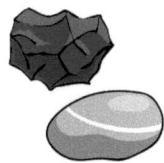

ruw / glad

áspero / suave

verdrietig / gelukkig

triste / contento

kort / lang

corto / largo

langzaam / snel

lento / rápido

nat / droog

mojado / seco

warm / koel

caliente / frío

oorlog / vrede

guerra / paz

0

nul

cero

1

één

uno

2

twee

dos

3

drie

tres

4

vier

cuatro

5

vijf

cinco

6

zes

seis

7

zeven

siete

8

acht

ocho

9

negen

nueve

10

tien

diez

11

elf

once

12

twaalf

doce

13

dertien

trece

14

veertien

catorce

15

vijftien

quince

16

zestien

dieciséis

17

zeventien

diecisiete

18

achttien

dieciocho

19

negentien

diecinueve

20

twintig

veinte

100

honderd

cien

1.000

duizend

mil

1.000.000

miljoen

millón

Engels

inglés

Amerikaans Engels

inglés americano

Chinees Mandarijn

chino mandarín

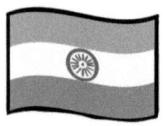

Hindi

hindi

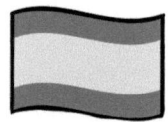

Spaans

español

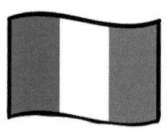

Frans

francés

Arabisch

árabe

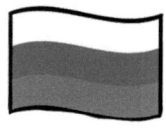

Russisch

ruso

Portugees

portugués

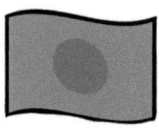

Bengalees

bengalí

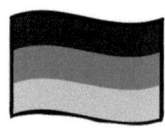

Duits

alemán

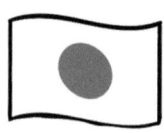

Japans

japonés

ik
yo

jij
vos

hij / zij / het
él / ella

wij
nosotros

jullie
ustedes

zij
ellos

wie?
¿quién?

wat?
¿qué?

hoe?
¿cómo?

waar?
¿dónde?

wanneer?
¿cuándo?

naam
nombre

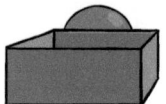

achter

detrás

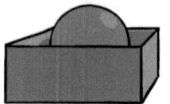

in

en

voor

adelante de

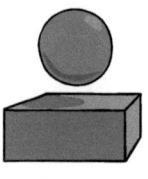

boven

por encima de

op

sobre

onder

debajo de

naast

al lado de

tussen

entre

plaats

lugar